CSS

Premessa

Quando visiti un sito Web la prima impressione è data dall'impatto visivo, si tratta di pochi secondi ma fondamentali affinché l'utente non cambi pagina. Se il sito ha un aspetto obsoleto o poco attraente, i visitatori avranno un'impressione negativa dell'intera attività e magari cercheranno un concorrente. Una buona impressione data dal sito induce il cliente a restare sulla pagina ma è altrettanto importante avere dei buoni contenuti affinché il sito risulti utile ed interessante.

Anche i colori di un sito rispecchiano l'attività infatti un sito Web luminoso, moderno e invitante farà sentire a proprio agio il visitatore dando l'idea di essere un'azienda aperta ed accogliente per i nuovi visitatori. Un sito obsoleto o con colori molto cupi comunicano una certa freddezza nei confronti del cliente quindi una sensazione non proprio piacevole. Per la grafica di un sito Web, oltre a buoni contenuti grafici, servono competenze in CSS.

Le competenze grafiche con CSS non sono relegate soltanto a grafici di professione infatti chiunque può imparare a creare una pagina Web applicando lo stile che preferisce. Vedrai come è semplice nel corso di questo ebook.

Questo non è un ebook convenzionale con moltissima teoria e poca pratica infatti a partire dalla prossima pagina ci tufferemo nel codice, esplorando il più possibile le funzionalità di CSS. Coniugheremo la pratica con la teoria e non viceversa, infatti l'unico requisito è la conoscenza di HTML. Se conosci HTML sarà più facile integrare il codice CSS in quanto sai già cosa è un tag, come si struttura una pagina ecc.

Avventuriamoci in questo viaggio, ti consiglio di usare un editor di testo o un IDE se sai già di cosa si tratta. Per vedere il risultato del codice che mostreremo nel corso dell'ebook dovrai semplicemente creare un file con estensione *.html* o *.css*, salvarlo e aprire la pagina creata nel browser. A seconda del browser scelto potresti avere un risultato diverso, pertanto, ti consigliamo di usare Google Chrome o Mozilla Firefox in una delle loro ultime versioni.

Capitolo 1: le basi
Fogli di stile esterni

Esistono diversi modi per importare un foglio di stile CSS all'interno di un file HTML: vediamo come.

Un foglio di stile CSS esterno può essere applicato a qualsiasi numero di documenti HTML posizionando un elemento `<link>` in ciascun documento HTML.

L'attributo `rel` del tag `<link>` deve essere impostato su "stylesheet" e l'attributo `href` deve contenere il percorso relativo o assoluto del foglio di stile. Sebbene l'utilizzo di percorsi URL relativi sia generalmente considerato una buona pratica, è possibile utilizzare anche percorsi assoluti. In HTML5 l'attributo `type` può essere omesso. Si consiglia di posizionare il tag `<link>` nel tag `<head>` del file HTML in modo che gli stili vengano caricati prima degli elementi che li utilizzano. Caricando il file CSS fuori dal tag `<head>`, gli utenti vedranno per un lampo di tempo il contenuto della pagina senza alcuno stile.

Creiamo una pagina HTML simile a questa:

```html
<!DOCTYPE html>
<html>
<head>
  <meta charset="utf-8" />
  <link rel="stylesheet" type="text/css"
href="style.css">
</head>
<body>
  <h1>Ciao a tutti!</h1>
  <p>Sto imparando ad usare CSS</p>
</body>
</html>
```

Creiamo nella stessa cartella un file di nome *style* con estensione *.css*:

```css
h1 {
  color: green;
  text-decoration: underline;
}
```

```css
p {
  font-size: 25px;
  font-family: 'Trebuchet MS', sans-
serif;
}
```

Assicurati di includere il percorso corretto per il tuo file CSS nell'attributo `href`. Se il file CSS si trova nella stessa cartella del file HTML, non è richiesto alcun percorso (come nell'esempio sopra) ma se è salvato in una cartella diversa, è necessario specificarlo in questo modo `href = "cartella/style.css"`.

```html
<link rel="stylesheet" type="text/css" href="cartella/style.css">
```

I fogli di stile esterni sono considerati il modo migliore per gestire il tuo CSS. C'è una ragione molto semplice per questo: assumiamo che tu gestisca un sito composto da molte pagine, 100 ad esempio, tutte controllate da un singolo foglio di stile. Nel momento in cui vuoi cambiare i colori dei tuoi collegamenti da blu a verde, è molto più facile modificare il tuo unico file CSS e lasciare che le modifiche siano propagate **a cascata** in tutte le 100 pagine rispetto a modificarle singolarmente una alla volta. Inoltre, se vuoi cambiare completamente l'aspetto del tuo sito web, devi solo aggiornare il file CSS.

È possibile caricare tutti i file CSS di cui hai bisogno in una pagina HTML in questo modo:

```
<link rel="stylesheet" type="text/css"
href="principale.css">

<link rel="stylesheet" type="text/css"
href="testi.css">
```

Ma in questo caso come vengono applicate le regole? Gli stili CSS vengono applicati seguendo delle regole di base e, in particolar modo, seguendo un ordine. Ad esempio, se hai un file *principale.css* simile a questo:

```
p.verde { color: green; }
```

Tutti i tuoi paragrafi con la classe `verde` saranno scritti in verde chiaro, ma puoi sovrascriverlo con un altro file *.css* semplicemente includendolo dopo *principale.css*. Potresti avere *testi.css* con il seguente codice che viene caricato successivamente:

```
p.verde { color: darkgreen; }
```

Ora tutti i tuoi paragrafi con la classe `verde` saranno scritti con un colore verde scuro al posto del verde classico.

Ma come usa i file CSS il browser? Quando qualcuno visita il tuo sito Web per la prima volta, il browser scarica l'HTML della pagina corrente oltre al file CSS collegato. Quindi, quando accedono a un'altra pagina, il loro browser deve solo scaricare l'HTML di quella pagina perché il file CSS è memorizzato nella cache, quindi non è necessario scaricarlo di nuovo. Poiché i browser memorizzano nella cache il foglio di stile esterno, le pagine hanno tempi di caricamento ridotti.

Fogli di stile interni

I CSS racchiusi tra tag `<style></style>` all'interno di un documento HTML funzionano come un foglio di stile esterno, escluso il fatto che il codice risiede nel documento HTML invece di essere in un file separato. In questo modo quelle regole di stile non possono essere riusate ma verranno applicate solo al documento in cui sono definite. Nota bene che questa definizione deve trovarsi all'interno dell'elemento `<head>` per la convalida HTML.

```html
<!DOCTYPE html>
<html>
<head>
 <style>
 h1 {
   color: green;
   text-decoration: underline;
 }
 p {
   font-size: 25px;
```

```html
    font-family: 'Trebuchet MS', sans-
serif;
 }
 </style>
</head>
<body>
 <h1>Ciao a tutti!</h1>
 <p>Imparo ad usare fogli stile
interni</p>
</body>
</html>
```

In questa semplice pagina HTML abbiamo incluso codice non riusabile, difficile da manutenere e che sovrascriverebbe qualsiasi regola se venisse collegato un CSS esterno. Alla luce di questo, non è consigliato usare questa tecnica per definire delle regole di stile in una pagina Web, eccetto casi particolari.

@import

La regola CSS di `@import` viene utilizzata per importare regole di stile da altri fogli di stile. Queste regole devono precedere tutti gli altri tipi di regole, ad eccezione delle regole di `@charset`. Questo tipo di inclusione di un foglio di stile può essere usata all'interno di un tag `<style></style>` o con un foglio di stile esterno, analizziamo entrambi i casi:

```
<style>
  @import url('/css/styles.css');
</style>
```

In questo caso è stato incluso il file CSS direttamente all'interno della pagina HTML, un approccio di solito sconsigliato perché rallenta il caricamento della pagina. Spesso, soprattutto con i font, si preferisce usare l'inclusione tramite fogli di stile esterni:

```
@import '/styles.css';
```

Molti siti Web usano i font Google per i loro testi pertanto includono il font desiderato grazie a `@import`:

```
@import 'https://fonts.googleapis.com/css?family=Lato';
```

Stile inline

Gli stili *inline* sono molto utili per applicare lo stile ad un elemento specifico. Questa tecnica non è molto consigliata ma purtroppo è molto comune perché più veloce da applicare. È consigliabile, invece, inserire regole di stile in un tag `<style>` o in un file CSS esterno per mantenere una distinzione tra il contenuto della pagina e lo stile della stessa.

Questi stili hanno la precedenza su qualsiasi altra regola CSS, che sia in un tag `<style>` o in un foglio di stile esterno. Questo aspetto potrebbe risultare utile in alcune circostanze, ma di fatto riduce la manutenibilità di un progetto.

Gli stili nell'esempio seguente si applicano direttamente agli elementi a cui sono associati:

```
<h1 style="color: green; text-decoration: underline;">Ciao a tutti!</h1>
```

```
<p style="font-size: 25px; font-family:
'Trebuchet MS';">Ho usato CSS inline</p>
```

Gli stili *inline* sono generalmente il modo più sicuro per garantire la compatibilità del rendering tra vari browser, programmi e dispositivi di posta elettronica, ma possono richiedere molto tempo per essere scritti rispetto all'applicazione di una classe già definita e, in genere, sono un po' impegnativi da gestire. Un classico uso di questa tecnica riguarda le e-mail che contengono codice HTML, infatti, piuttosto che collegare un file CSS si include lo stile direttamente negli elementi HTML.

Usare JavaScript

È possibile aggiungere, rimuovere o modificare i valori delle proprietà CSS con JavaScript tramite la proprietà `style` di un elemento. Questa tecnica è molto usata soprattutto nelle fasi di validazione di campi di input o per modificare lo stile di un elemento in conseguenza ad un'azione dell'utente:

```javascript
var el = document.getElementById("ora");
el.style.opacity = 0.5;
el.style.fontFamily = 'sans-serif';
```

È importante notare che le proprietà `style` sono tutte scritte secondo la notazione *camelCase* ovvero la prima parola è minuscola mentre quelle che seguono hanno la prima lettera maiuscola. Nell'esempio puoi vedere che la proprietà `font-family` diventa `fontFamily` in JavaScript. Un'alternativa a lavorare direttamente sugli elementi consiste nel creare un elemento `<style>` o `<link>` in JavaScript e

aggiungerlo al <body> o <head> del documento
HTML.

Qualora tu volessi usare il framework jQuery tutto
sarebbe più semplice grazie all'incisività e concisione
del suo linguaggio:

```javascript
$('#ora').css({
  opacity: 0.5,
  "font-family": "sans-serif",
  fontFamily: "sans-serif"
});
```

Avrai notato che ci sono due regole uguali, infatti,
jQuery consente di cambiare le regole CSS in entrambi
i modi, puoi includerle tra doppi apici con il classico
nome in CSS oppure usare la notazione *camelCase*.

Capitolo 2: il file CSS

Una regola CSS è composta da un selettore (ad es. h1) e un blocco di dichiarazione contenuto tra parentesi graffe {}. In CSS è possibile inserire dei commenti per ricordarci quando usare una regola o semplicemente per eliminare temporaneamente una proprietà:

```
/* Usare solo nella sezione notizie */
div {
 color: red; /* Colore rosso classico */
}
```

In questo caso sono stati aggiunti due commenti che si estendevano su una singola riga ed iniziano con il simbolo /* e terminano con */. Talvolta potrebbe essere necessario estendere i commenti su più righe, soprattutto in progetti complessi. In questo caso i caratteri di inizio e fine del commento sono gli stessi e si potrà spaziare su più righe come nell'esempio:

```css
/* Usare
solo
nella
sezione
notizie
*/
div {
  color: red; /* Colore rosso classico */
}
```

Selettori

I selettori CSS identificano elementi HTML specifici come obiettivi per gli stili CSS, questa sezione illustra come i selettori CSS selezionano gli elementi HTML desiderati. I selettori utilizzano una vasta gamma di oltre 50 metodi di selezione offerti dal linguaggio CSS, tramite elementi, classi, ID, pseudo-classi.

`*`	Selettore universale (seleziona tutti gli elementi della pagina)
`div`	Selettore di tag (seleziona tutti i `<div>`)
`.blu`	Selettore di classe (seleziona tutti gli elementi con classe `blu`)
`.blu.rosso`	Seleziona tutti gli elementi con classe `blu` e `rosso`
`#ora`	Selettore di ID (seleziona tutti gli elementi con `id` pari a `ora`)
`:pseudo-classe`	Seleziona tutti gli elementi con `pseudo-classe`

`:lang(it)`	Seleziona gli elementi che hanno l'attributo `lang` con valore `it`
`div > p`	Selettore di figlio (seleziona tutti i paragrafi figli di un `div`)

Probabilmente ti sarai accorto di una stranezza, soprattutto se conosci bene HTML. Devi sapere che in ogni pagina Web ogni attributo `id` deve avere un valore diverso quindi non possono esisterne due uguali. Qualora si verificasse questa situazione (pensiamo ad un copia-incolla di una sezione) avresti un warning da parte del browser oltre ad un malfunzionamento di alcune funzioni JavaScript. Se inserisci l'attributo `id` pari a `ora` nella tua pagina una sola volta, il selettore `#ora` si riferirà ad uno e un solo elemento della pagina.

Selettori di classe

Il selettore di classe seleziona tutti gli elementi con il nome della classe target. Ad esempio, la regola con parte sinistra pari a `.info` selezionerebbe il seguente elemento `<div>`:

```
<div class="info">
  <p>Testo informativo</p>
</div>
```

Puoi anche combinare i nomi delle classi per selezionare gli elementi in modo più specifico. Riprendiamo l'esempio sopra per mostrare una selezione di classi più complicata.

```
.importante { color: orange; }

.info { color: blue; }

.info.importante { color: red; }
```

Una volta definite queste regole CSS, vediamo a quale codice HTML si possono applicare:

```html
<div class="info">
  <p>Testo informativo</p>
</div>
<div class="importante info">
  <p class="importante">Testo informativo importante</p>
</div>
```

In questo esempio, tutti gli elementi con la classe `.info` avranno un testo di colore blu, gli elementi con la classe `.importante` avranno un testo di colore arancione e tutti gli elementi che hanno sia classe `.importante` che `.info` avranno un testo di colore rosso. Bisogna notare che all'interno del CSS la dichiarazione `.info.importante` non ha spazi tra i due nomi di classe. Ciò significa che selezionerà solo gli elementi che contengono entrambi i nomi `info` e `importante` nell'attributo `class`, a prescindere dall'ordine. Se fosse stato incluso uno spazio tra le due classi nella dichiarazione CSS, avrebbe selezionato solo gli elementi che hanno padre con classe `.info` e figlio con classe `.importante`.

Selettori di ID

Esistono due modi per selezionare un elemento in una pagina HTML, partendo dal suo ID. Assumiamo di avere una riga HTML come la seguente:

```
<p id="ora"></p>
```

Potremmo selezionare questo elemento in HTML in due modi, a seconda della specificità che vogliamo assegnare:

```
#ora { color: red }
[id="ora"] { color: red }
```

Questi due metodi sono equivalenti ma il primo ha un'alta specificità, infatti, poiché in una pagina dovrebbe esserci solo un elemento con un dato id, sappiamo di sicuro qual è l'elemento specifico che vogliamo selezionare. Il secondo metodo ha una bassa specificità quindi se in un file CSS ci dovessero essere entrambi ma con valori diversi "vincerebbe" la prima regola perché più specifica. Questi non sono dei veri e propri conflitti per CSS ma il browser deve avere comunque un criterio con il quale scegliere quale stile applicare.

Selettore di attributi

Un altro modo per selezionare gli elementi sfrutta gli attributi che possono essere utilizzati con vari tipi di operatori. In questo modo è possibile modificare i criteri di selezione, diventando sempre più specifici. I selettori di attributi selezionano un elemento in base alla presenza di un dato attributo o valore di attributo. Assumiamo di avere questo codice HTML:

```
<div class="rosso">Questo è rosso</div>
<div class="verde">Questo è rosso</div>
<div id="rosso">Questo non è rosso</div>
```

Potremmo selezionare tutti gli elementi che hanno l'attributo class a prescindere dal suo valore:

```
div[class] { color: red; }
```

In questo modo verrebbero selezionati i primi due elementi perché dispongono dell'attributo, a prescindere dal suo valore. Se volessimo selezionare lo stesso attributo ma con valore pari a `verde` dovremmo scrivere una regola di stile come questa:

```css
div[class="verde"] {
 color: red;
}
```

In questo caso l'unico elemento selezionato sarebbe il secondo perché si effettua un filtro sia sull'attributo (disponibile sui primi due) sia sul valore.

La potenza di CSS non si ferma qui infatti è possibile creare regole specifiche usando dei selettori particolari, ad esempio, selezionando tutti gli elementi in cui l'attributo contiene un valore dato.

```html
<div class="art-123">Questo è rosso</div>
<div class="art123">Questo è rosso</div>
<div class="art123-1">Questo è rosso</div>
<div class="cpc-art123">Questo è rosso</div>
```

```html
<div class="cpcar">Questo non è rosso</div>
```

In questo caso stiamo elencando degli articoli nella nostra pagina Web e vogliamo che tutte le classi che contengono la parola `art` vengano evidenziate in rosso:

```css
[class*="art"] {
  color: red;
}
```

Come puoi notare verranno selezionati tutti gli elementi a parte l'ultimo che non contiene per intero il valore che desideriamo.

In modo simile è possibile selezionare gli elementi che iniziano per un dato valore o che terminano per un determinato valore:

```html
<!DOCTYPE html>
<html>
<head>
```

```html
    <style>
    [class^="art"] {
     color: red;
    }


    [class$="123"] {
     color: aqua;
     }
    </style>
   </head>
   <body>
    <div class="art-123">articolo</div>
    <div class="art123">articolo</div>
    <div class="art123-1">articolo</div>
    <div class="cpc-art123">articolo</div>
    <div class="cpc">articolo</div>
   </body>
  </html>
```

In questa pagina stiamo indichiamo al browser di colorare in rosso tutti gli elementi con classe che inizia con la parola `art` e di colorare in celeste tutti gli elementi con classe che termina per `123`.

Il risultato sarà questo:

articolo

articolo

articolo

articolo

articolo

Ti aspettavi qualcosa di diverso? Probabilmente non hai considerato che le regole sono poste in cascata e "vince" l'ultima applicata. L'unico elemento che non è stato considerato in alcun caso è l'ultimo in quanto viene selezionato da nessuna regola pertanto resta di colore nero.

Pseudo-classi

Le pseudo-classi sono parole chiave che consentono la selezione in base a informazioni che si trovano fuori dal documento o che non possono essere espresse da altri selettori. Queste informazioni possono essere associate a un certo stato, a posizioni specifiche o ad altro. Gli usi più comuni riguardano un collegamento già visitato (`:visitated`), il mouse che si trova su un elemento (`:hover`), una casella di controllo che è stata selezionata (`:selected`) ecc. Vediamo in dettaglio le pseudo-classi e quando si applicano:

`:active`	Si applica a tutti gli elementi attivi (ovvero cliccati dall'utente).
`:checked`	Si applica ai pulsanti di selezione, alle caselle di controllo o agli elementi di opzione che sono selezionati o che si trovano in uno stato "attivo".

`:disabled`	Si applica a qualsiasi elemento dell'interfaccia utente che si trova in uno stato disabilitato.
`:empty`	Si applica a qualsiasi elemento che non ha figli.
`:enabled`	Si applica a qualsiasi elemento dell'interfaccia utente che si trova in uno stato abilitato.
`:first-child`	Rappresenta qualsiasi elemento che è anche il primo elemento figlio del suo genitore.
`:first-of-type`	Si applica quando un elemento è il primo del tipo di elemento selezionato all'interno del suo genitore. Questo può essere o non essere il primo figlio.
`:focus`	Si applica a qualsiasi elemento che abbia il focus dell'utente. Ciò può essere fornito dalla tastiera dell'utente, dagli eventi del mouse o da altre forme di input.

`:focus-within`	Può essere usato per evidenziare un'intera sezione quando un elemento al suo interno ha il focus.
`:full-screen`	Si applica a qualsiasi elemento visualizzato in modalità schermo intero. Seleziona l'intero gruppo di elementi e non solo l'elemento di livello superiore.
`:hover`	Si applica a qualsiasi elemento su cui si è soffermato il dispositivo di puntamento dell'utente.
`:in-range`	Seleziona un elemento quando ha il suo attributo `value` all'interno dei limiti di intervallo specificati per l'elemento. Consente alla pagina di fornire un feedback sul valore attuale utilizzando i limiti dell'intervallo.
`:invalid`	Si applica agli elementi <input> i cui valori non sono validi in base al

	tipo specificato nell'attributo `type`.
`:last-child`	Rappresenta qualsiasi elemento che è l'ultimo elemento figlio del suo genitore.
`:last-of-type`	Si applica quando un elemento è l'ultimo del tipo di elemento selezionato all'interno del suo genitore. Questo può essere o non essere l'ultimo figlio.
`:link`	Si applica a tutti i collegamenti che non sono stati visitati dall'utente.
`:nth-child`	Si applica quando un elemento è l'n-esimo figlio del suo genitore, dove n può essere un numero intero, un'espressione matematica (ad esempio n + 3) o le parole chiave `odd` o `even` (pari o dispari).
`.visited`	Si applica a tutti i collegamenti che sono stati visitati dall'utente.

Combinatori

Esistono diversi tipi di combinatori in CSS, ti consentono di selezionare un elemento tenendo conto del suo genitore, dei fratelli o degli elementi vicini.

Un **combinatore discendente**, rappresentato da almeno uno spazio tra i selettori, seleziona tutti quegli elementi che discendono dall'elemento definito. Questo tipo di combinatore seleziona tutti i discendenti dell'elemento scelto quindi consideriamo la seguente porzione di codice HTML per fare un esempio:

```
<div>
  <p>Testo rosso</p>
  <section>
   <p>Testo rosso</p>
  </section>
</div>
<p>Testo nero</p>
```

Supponiamo di voler evidenziare in rosso tutti i paragrafi che si trovano nel `div` senza aggiungere attributi né valori nel codice HTML. È possibile fare ciò grazie alla seguente regola CSS:

```css
div p { color:red; }
```

In questo caso solo i primi due paragrafi sono discendenti di un `div` quindi soltanto questi paragrafi avranno un testo di colore rosso.

Questo selettore è diverso dal **selettore di figlio** che usa il carattere maggiore di (>) per separare i selettori. Il selettore figlio considera soltanto i discendenti diretti di un elemento quindi riprendendo l'esempio precedente e modificando la regola in:

```css
div > p { color:red; }
```

Avremo soltanto il primo paragrafo della pagina di colore rosso perché figlio diretto di un `div`. Il secondo paragrafo resterà di colore nero perché non si tratta di un figlio diretto bensì di un discendente.

Talvolta potrebbe essere utile selezionare il fratello di un elemento, in CSS questo è possibile grazie al **combinatore di fratelli adiacenti**. Questo combinatore usa il carattere più (+) per indicare l'elemento che segue immediatamente un elemento definito. Supponiamo di voler evidenziare in rosso solo i paragrafi che hanno un paragrafo come fratello:

```
<p>Testo nero</p>
<p>Testo rosso</p>
<p>Testo rosso</p>
<hr>
<p>Testo nero</p>
```

Usiamo la regola CSS con il combinatore:

```
p + p { color:red; }
```

In questo caso verranno selezionati solo il secondo ed il terzo paragrafo perché il primo e l'ultimo non rispettano la regola. Il primo non ha un paragrafo precedente mentre l'ultimo non ha un paragrafo che lo segue quindi la regola non è soddisfatta per entrambi.

L'ultimo tipo di combinatore seleziona tutti i figli di un dato elemento ed utilizza il simbolo tilde (~) per separare gli elementi. Il simbolo tilde può essere digitato in modo diverso a seconda della tua tastiera o sistema operativo: in Windows digita *Alt + 126*, in macOS digita *alt + 5*, in Linux digita il pulsante *Pagina giù* o *Alt Gr + ì*.

La regola CSS sarà:

```
p ~ p { color:red; }
```

Riusiamo la pagina HTML creata in precedenza e vedremo che tutti i paragrafi saranno di colore rosso ad eccezione del primo. Verranno selezionati, infatti, tutti i paragrafi preceduti da un altro paragrafo, che sia immediatamente precedente oppure no.

Capitolo 3: Box model

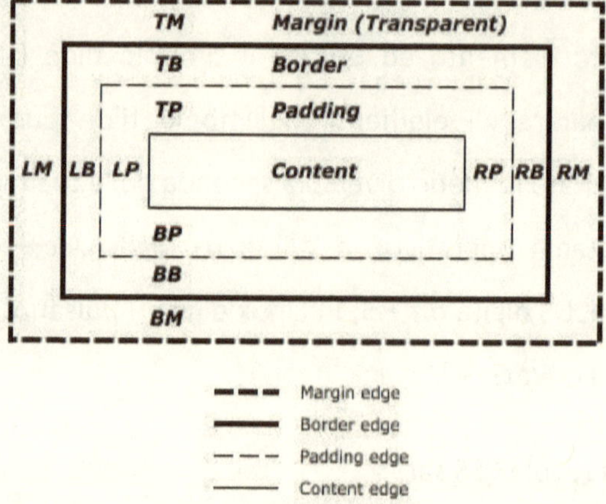

Il browser crea un rettangolo per ogni elemento nella pagina HTML. Il **box model** descrive come il `padding`, il bordo e il margine vengono aggiunti al contenuto per creare questo rettangolo come nell'immagine. Il perimetro di ciascuna delle quattro aree è chiamato bordo ed ogni bordo definisce un box:

- Il rettangolo più interno è il box del contenuto. La larghezza e l'altezza dipendono dal rendering dell'elemento contenuto (testo, immagine o qualsiasi altro elemento);

- Il successivo è il riquadro di riempimento, come definito dalla proprietà `padding`. Se non è definita la larghezza dell'imbottitura (o riempimento), il bordo è uguale al bordo del contenuto;
- A seguire abbiamo il bordo, come definito dalla proprietà `border`. Se non è definita la larghezza del bordo, sarà uguale al bordo del `padding`;
- Il rettangolo più esterno, infine, è il riquadro del margine, come definito dalla proprietà `margin`. Se non è definita la larghezza del margine, il bordo del margine è uguale a quello del bordo.

Definiamo una regola CSS per applicare uno stile a tutti gli elementi `div` in modo che abbiano un bordo con larghezza 5 pixel di colore rosso; un margine superiore, destro, inferiore e sinistro con larghezza 50 pixel e un'imbottitura superiore, destra, inferiore e sinistra di 20 pixel.

La regola sarà la seguente:

```css
div {
  border: 5px solid red;
  margin: 50px;
  padding: 20px;
}
```

Ignorando il contenuto, il nostro riquadro generato sarà simile al seguente:

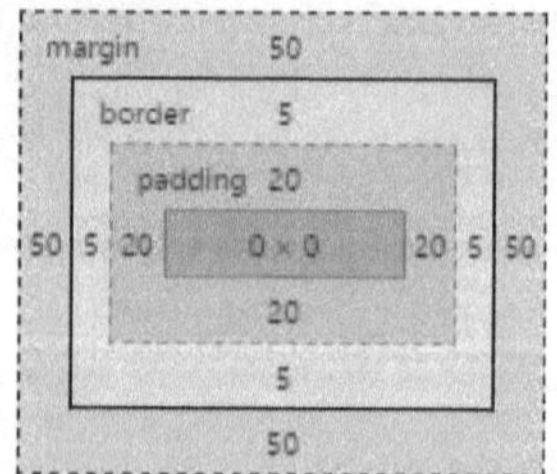

Poiché si tratta di un elemento vuoto, l'area del contenuto (la casella blu al centro) non ha altezza né larghezza (0px per 0px). Il rettangolo per il `padding` per impostazione di default ha le stesse dimensioni della casella del contenuto, oltre alla larghezza di 20 pixel su tutti e quattro i bordi che abbiamo definito in precedenza. La casella del bordo ha le stesse dimensioni della casella del `padding`, oltre alla larghezza di 5 pixel che abbiamo definito sopra con la proprietà `border`. Infine, la casella del margine ha le stesse dimensioni della casella del bordo, più la larghezza di 50 pixel che abbiamo definito sopra con la proprietà del margine.

Questo modello può essere contro-intuitivo, soprattutto se sei agli inizi con CSS, perché la larghezza e l'altezza di un elemento non rappresenteranno la sua larghezza o altezza effettiva sullo schermo se inizi ad aggiungere `padding` e bordi.

Padding

La proprietà `padding` imposta lo spazio di padding su tutti i lati di un elemento. L'area di riempimento è lo spazio tra il contenuto dell'elemento ed il suo bordo. Per questa proprietà, essendo la più vicina al contenuto dell'elemento, non sono ammessi i valori negativi.

Puoi aggiungere un'imbottitura diversa su ciascun lato (usando le proprietà `padding-top`, `padding-left` ecc.) oppure puoi usare una scorciatoia:

```
<style>
.pdDiv {
 padding: 10px 20px 30px 40px; /* in
alto, a destra, in basso, a sinistra; */
}
</style>
<div class="pdDiv"></div>
```

CSS è famoso per essere molto conciso quindi se due o più valori della proprietà dovessero essere uguali, non è necessario riscriverli. Assumiamo che i lati debbano avere uno spazio di 25px mentre in alto sono necessari 10px ed in basso 20px potremmo scrivere questa regola:

```
<style>
.pdDiv {
 padding: 10px 25px 20px; /* in alto, a
destra e sinistra, in basso; */
}
</style>
<div class="pdDiv"></div>
```

Come puoi intuire se i valori per il `padding` in alto e in basso dovessero coincidere puoi ridurre ulteriormente la regola così come nel caso in cui tutti i lati dovessero avere lo stesso `padding`:

```
padding: 25px 50px; /* in alto e in
basso, a destra e sinistra; */
padding: 25px /* tutto intorno; */
```

La proprietà `padding` imposta lo spazio dichiarato su tutti i lati di un elemento. È possibile specificare l'imbottitura di un elemento anche su un solo lato perciò sono disponibili le seguenti proprietà che accettano solo valori positivi:

padding-top	padding-top
padding-right	padding-right

Margini

La proprietà `margin` può assumere diversi valori:

0 (numero zero)	Azzera i margini
`auto`	Usato per centrare un elemento
unità (`px` o `em`)	Usato per specificare quanto deve essere grande il margine e con quale unità di misura
`inherit`	Eredita i valori del margine dall'elemento padre

initial	Reimposta il valore iniziale

È importante saper definire i margini e la proprietà segue la stessa sintassi vista in precedenza per il `padding`. Ciascuna delle proprietà del margine può anche accettare il valore `auto` che in sostanza dice al browser di definire il margine per te. Nella maggior parte dei casi, un valore `auto` sarà equivalente a 0 (che è il valore iniziale per ciascuna proprietà del margine) oppure sarà uguale a qualsiasi spazio disponibile su quel lato dell'elemento. Tuttavia, `auto` è utile per la centratura orizzontale:

```css
.container {
  width: 1000px;
  margin: 0 auto;
}
```

In questo esempio, ci assicuriamo di centrare questo elemento orizzontalmente:

- Specificando una larghezza per l'elemento
- Impostando i margini su `auto`

Se non avessimo specificato la larghezza, il valore `auto` non avrebbe avuto sostanzialmente alcun effetto. Va anche sottolineato che `auto` è utile solo per centrare orizzontalmente mentre per il margine superiore e inferiore non ci può essere d'aiuto.

I margini hanno una particolarità: quelli verticali su elementi diversi che si toccano (quindi non hanno contenuto, spaziatura o bordi che li separano) collasseranno, formando un margine singolo uguale al maggiore dei margini adiacenti. Ciò non accade sui margini orizzontali (sinistro e destro), ma solo verticali (superiore e inferiore). Facciamo un esempio:

```
<h2>Margine che collassa</h2>
<p>Testo di esempio</p>
```

Usiamo le seguenti regole CSS:

```
h2 { margin: 0 0 20px 0; }
```

```
p { margin: 10px 0 0 0; }
```

In questo esempio, all'elemento h2 viene assegnato un margine inferiore di 20 px. Il paragrafo, che lo segue immediatamente, ha un margine superiore impostato a 10px. Il buon senso suggerisce che lo spessore del margine verticale tra h2 e il paragrafo sia pari a 30px (20px + 10px). A causa del collasso del margine, lo spessore effettivo è di 20px e, sebbene possa sembrare poco intuitivo a prima vista, in realtà questo aspetto è molto utile per i seguenti motivi. Innanzitutto, impedisce agli elementi vuoti di aggiungere ulteriore spazio al margine verticale, dando un aspetto esteticamente poco gradevole. In secondo luogo, consentono un approccio più coerente alla dichiarazione dei margini universali tra gli elementi della pagina. Ad esempio, le intestazioni hanno comunemente spazio sul margine verticale, così come i paragrafi. Se i margini non collassano, le intestazioni che seguono i paragrafi (o viceversa) richiederebbero spesso la reimpostazione dei margini su uno degli elementi per ottenere una spaziatura verticale costante e coerente.

Nei margini, al contrario del padding, si possono usare i valori negativi. Come puoi immaginare, se un valore di margine positivo allontana gli altri elementi, un margine negativo avvicina l'elemento stesso in quella direzione o trascinerà altri elementi verso di esso. Prova a modificare i valori dei margini nell'esempio precedente per vedere come cambia l'aspetto della pagina.

I bordi

La proprietà `border` in CSS è usata per tracciare una linea attorno all'elemento a cui è applicata ed accetta più valori. I valori in input per questa proprietà sono tre: la larghezza della linea da tracciare, lo stile ed il suo colore. La larghezza della linea può essere definita con un valore seguito da un'unità di misura (`px`, `em`, `rem`, `vh`, `vw`) oppure da valori preimpostati come `thin`, `medium` e `thick`.

Lo stile di un bordo può assumere diverse forme infatti può essere una linea continua con il valore `solid`, tratteggiata usando `dashed`, punteggiata usando `dotted`, **doppia con** `double` **fino ad arrivare a** `inset` e `outset` che creano una sorta di effetto 3D, invertendo i colori.

Il colore di un bordo, infine, può essere specificato in diversi modi, usando il nome inglese del colore (esiste un set predefinito di circa 140 colori), il suo valore `rgb` o il codice esadecimale:

```
h2 {
    border: 1px solid red;
    border: 1px solid rgb(255,0,0);
    border: 1px solid #FF0000;
    border: 1px solid #F00;
}
```

Nell'esempio precedente tutti i valori del colore corrispondono al rosso ma è solo stato dichiarato in modo diverso. Quando possibile, consiglio di usare il nome del colore per migliorare la leggibilità del codice.

Ognuna delle proprietà dichiarate può essere scomposta in tre dichiarazioni differenti:

```css
h2 {
  border-width: 1px;
  border-style: solid;
  border-color: red;
}
```

Di solito si preferisce usare la forma abbreviata per rapidità e convenzione, inoltre, proprio come per i margini e il padding è possibile riferirsi ad un singolo bordo con le proprietà `border-top`, `border-right`, `border-bottom`, `border-left`.

Un altro aspetto interessante riguardo i bordi consiste nella proprietà `border-radius` che consente di cambiare la forma standard del box model. Noterai questa proprietà solo se si aggiunge un colore all'elemento. Ad esempio, se l'elemento ha un colore di sfondo o un bordo diverso dall'elemento su cui si trova è possibile notare la curvatura apportata da questa proprietà.

```css
.rotondo { border-radius: 20px; }
```

Con un solo valore, il raggio del bordo sarà lo stesso su tutti e quattro gli angoli di un elemento. Ma non è detto che debba essere sempre così infatti puoi specificare l'ampiezza di ogni angolo separatamente:

```css
.rotondo {
  border-radius: 5px 10px 15px 20px; /*
in alto a sinistra, in alto a destra, in
basso a destra, in basso a sinistra */
}
```

Ricapitolando: se viene impostato un solo valore, questo raggio si applica a tutti e 4 gli angoli. Se vengono impostati due valori, il primo si applica all'angolo superiore sinistro e inferiore destro, il secondo si applica all'angolo superiore destro e inferiore sinistro. Specificando tre valori, il secondo valore si applica in alto a destra e anche in basso a sinistra. Con quattro valori si specifica l'angolo in alto a sinistra, in alto a destra, in basso a destra, in basso a sinistra in questo ordine. Puoi ricordare questo ordine perché segue le lancette dell'orologio infatti si parte in alto a sinistra rotando verso destra fino a raggiungere l'angolo in basso a sinistra.

È possibile specificare il valore del raggio del bordo anche in percentuale. Ciò è particolarmente utile quando si desidera creare una forma circolare o ellittica, ma può essere utilizzato quando si desidera che il raggio del bordo sia direttamente correlato alla larghezza degli elementi.

Capitolo 4: sfondo

Con CSS puoi impostare colori, sfumature e immagini come sfondo di un elemento. È possibile specificare varie combinazioni di immagini, colori, gradienti e regolare le dimensioni, il posizionamento e la ripetizione di questi. Con la proprietà `background` puoi raggruppare molte proprietà in una come abbiamo visto in precedenza.

I colori

La proprietà `background-color` imposta il colore dello sfondo di un elemento usando il valore di un colore o tramite parole chiave, come `transparent`, `inherit` o `initial`.

- `transparent` specifica che il colore dello sfondo deve essere trasparente e questa è una impostazione predefinita in CSS;
- `inherit`, specifica di ereditare questa proprietà dal suo genitore;
- `initial` imposta questa proprietà al valore predefinito

Questa proprietà può essere applicata a tutti gli elementi ma vediamo come possono essere specificati i colori in CSS.

CSS mette a disposizione diversi nomi per i colori che sono sicuramente più facili da ricordare rispetto al rispettivo codice esadecimale o RGB. I più utilizzati sono i seguenti:

Aqua	Beige	Black	Blue	Brown	Coral	Cyan
Gold	Gray	Lime	Pink	Red	Navy	Teal

L'utilizzo è piuttosto semplice infatti per applicare uno sfondo rosso ai `div` scriveremo:

```
div { background-color: red; /*rosso*/ }
```

Un altro metodo consiste nell'usare il codice esadecimale di un colore. Il codice esadecimale viene utilizzato per indicare i componenti RGB di un colore nella notazione esadecimale base-16. `#ff0000`, ad esempio, è un rosso brillante, in cui il componente rosso del colore è 256 bit (`ff`) e le corrispondenti parti verde e blu sono pari a 0 (`00`). Se entrambi i valori in ciascuna delle tre coppie RGB (R, G e B) sono uguali, il codice del colore può essere abbreviato in tre caratteri usando la prima cifra di ciascuna coppia. `#ff0000` può essere ridotto a `#f00` e `#ffffff` può essere ridotto a `#fff`. La notazione esadecimale non fa distinzione tra maiuscole e minuscole quindi `#fff` è uguale a `#FFF`.

Useremo il codice esadecimale allo stesso modo del nome del colore:

```css
div {
  background-color: #F00; /*rosso*/
}
```

Un altro modo per dichiarare un colore è usare RGB o RGBa. RGB sta per rosso, verde, blu e ogni componente richiede un valore tra 0 e 255. I valori vengono inseriti tra parentesi, che corrispondono ai valori decimali del colore rosso, verde e blu rispettivamente. RGBa consente di usare un parametro aggiuntivo detto **alfa** che oscilla tra 0,0 e 1,0 per definire l'opacità.

```html
<!DOCTYPE html>
<html>
<head>
```

```html
<style>
  div {
    background-color: rgba(0, 0, 0, 0.5);
/* nero con opacità al 50% */
  }
</style>
</head>
<body>
  <div>
    Questo è un div grigio
  </div>
</body>
</html>
```

In questo caso abbiamo usato il parametro aggiuntivo per l'opacità e, impostando un valore di opacità al 50%, otteniamo uno sfondo di colore grigio. Puoi modificare il parametro per vedere come cambia lo sfondo, passando da 0,0 a 1,0 o eliminandolo del tutto per ottenere uno sfondo completamente nero.

Un altro modo per dichiarare un colore consiste nell'usare HSL o HSLa che sostanzialmente è simile a

RGB e RGBa. HSL è l'acronimo inglese per indicare tonalità, saturazione e luminosità ed è spesso chiamato HLS:

- La tonalità è espressa in gradi con valori da 0 a 360;
- La saturazione è una percentuale compresa tra 0% e 100%;
- La luminosità è una percentuale compresa tra 0% e 100%.

HSLa consente di usare un parametro alfa aggiuntivo che oscilla tra 0,0 e 1,0 per definire l'opacità.

```css
div { background-color: hsl(120, 100%, 50%); /* verde */
}
```

I gradienti

Con i colori è possibile creare dei gradienti molto belli da vedere e che possono contribuire a rendere più accattivante il sito. I gradienti sono considerati nuovi tipi di immagine e sono stati aggiunti in CSS3. Esistono due tipi di funzioni gradiente, lineare e radiale.

Iniziamo con un **gradiente lineare** dove la sintassi è piuttosto semplice ed è usata con la proprietà `background` o con la proprietà `background-image` in CSS. Vediamo l'uso di questa funzione:

```css
.gradiente {
  background-image:
    linear-gradient(
      red, #f06d06
    );
}
```

In questo caso abbiamo creato un gradiente senza dichiarare un angolo quindi verrà usato l'angolo di default ovvero dall'alto verso il basso. In particolare, in alto verrà usato il colore rosso per definire una transazione verso il colore `#f06d06` che è un arancione. Possiamo usare tutti i modi che vogliamo per definire il colore di partenza e di arrivo, in questo caso abbiamo indicato al browser di creare un'immagine di sfondo con gradiente lineare partendo dall'alto con il colore rosso verso il basso che avrà il colore arancione.

Proviamo a definire un angolo per vedere come cambia lo sfondo:

```css
.gradiente {
  background-image:
    linear-gradient(
      72deg, red, #f06d06
    );
}
```

In questo modo abbiamo definito l'angolo che puoi cambiare arbitrariamente da 0deg a 360deg, prova a cambiare tale valore per vedere come cambia il gradiente.

Un **gradiente radiale** differisce da un gradiente lineare in quanto inizia in un singolo punto e si espande verso l'esterno. Le sfumature sono spesso utilizzate per simulare una fonte di luce che, come sappiamo non è sempre diretta. Ciò li rende utili per rendere le transizioni tra i colori ancora più naturali. Per impostazione predefinita il primo colore inizia nella posizione centrale dell'elemento e poi si dissolve fino al colore finale verso il bordo dell'elemento. La dissolvenza avviene ad una velocità uguale e costante, indipendentemente dalla direzione.

Come per il gradiente lineare, è possibile usare la funzione `radial-gradient` con la proprietà `background` o `background-image`. Vediamo come usare questa proprietà in modo semplice con un esempio:

```
.gradiente {
  background-image:
```

```css
    radial-gradient(
        yellow,
        #f06d06
    );
}
```

Questa rappresenta la sua forma più elementare, nota bene che per impostazione predefinita il gradiente è posizionato al centro dell'elemento dove ha il colore giallo e si diffonde verso i bordi passando all'arancione. È possibile anche definire diverse forme del gradiente tra cui `circle` ed `ellipse`, quest'ultimo impostato di default.

```css
.gradiente {
  background-image:
    radial-gradient(
        circle,
        yellow,
        #f06d06
    );
}
```

Le immagini

Le proprietà `background` e `background-image`
vengono utilizzate per specificare una o più immagini
di sfondo da applicare a tutti gli elementi
corrispondenti. Per impostazione predefinita, questa
immagine viene estesa per coprire l'intero elemento,
escluso il margine. Usare un'immagine è molto
semplice, basta disporre dell'URL dell'immagine:

```css
.sfondo {
  background: url(sfondo.jpg);
}
```

Il valore `url()` consente di fornire un percorso a
qualsiasi immagine che verrà visualizzata come sfondo
per l'elemento corrispondente. Qualora disponessi di
un URI puoi impostarlo come segue:

```css
.sfondo {
  background:
url(data:image/gif;base64,R01GOD1hAQABAI
```

```
AAAAAAAP///yH5BAEAAAAALAAAAABAAEAAAIBRA
A7);
}
```

Questa tecnica rimuove una richiesta HTTP, velocizzando il caricamento del sito Web. Tuttavia, ci sono aspetti negativi come l'incompatibilità con alcuni browser e la difficoltà nella manutenzione (riusciresti a capire a cosa corrisponde l'immagine dell'ultimo esempio?). Una tecnica molto usata soprattutto per le icone consiste invece nel raggrupparle all'interno di un'unica immagine usando gli Sprite CSS.

Talvolta è necessario avere più immagini o una combinazione di immagini e gradienti per lo sfondo. L'uso di più immagini come sfondo è supportato da tutti i browser moderni quindi quando utilizzi più immagini di sfondo, tieni presente che esiste un ordine di visualizzazione alquanto intuitivo. Elenca l'immagine che dovrebbe essere vista per prima nella parte anteriore e dopo l'immagine che dovrebbe essere visualizzata per ultima, in questo modo:

```css
.pagina {
  background: url(logo.png),
url(sfondo.png);
}
```

Quando utilizzi più immagini di sfondo, spesso dovrai impostare più valori per lo sfondo per ottenere tutto nel posto giusto. Puoi impostare dei parametri aggiuntivi per ogni immagine che vuoi mostrare ad esempio puoi decidere di ripeterla secondo alcune regole:

```css
.pagina {
  background:
    url(logo.png) bottom center no-repeat,
    url(sfondo.png) repeat;
}
```

In questo caso è stata usata la proprietà `background-repeat` in entrambi i casi ma con valori diversi:

repeat	Affianca l'immagine in entrambe le direzioni. Questo è il valore predefinito.
repeat-x	Affianca l'immagine in orizzontale
repeat-y	Affianca l'immagine in verticale
no-repeat	Non affianca l'immagine ma la mostra una volta sola
space	Affianca l'immagine in entrambe le direzioni. Non ritaglia mai l'immagine a meno che non sia troppo grande per adattarsi. Se più immagini possono adattarsi, queste vengono distanziate uniformemente.
round	Simile al precedente ma se più immagini possono adattarsi allo spazio rimanente, le schiaccia o le allunga per riempire lo spazio.

Oltre a questa proprietà, abbiamo usato `background-position` che ti consente di spostare un'immagine o un gradiente all'interno del suo contenitore.

```css
.pagina {
  background-position: right 45px bottom 20px;
}
```

Se si dichiara un solo valore, tale valore è l'offset orizzontale quindi il browser imposta l'offset verticale al centro. Quando si dichiarano due valori, il primo valore è l'offset orizzontale e il secondo valore è l'offset verticale. Le cose diventano un po' più complicate si usano tre o quattro valori ma, allo stesso tempo, ottieni anche un maggiore controllo sul posizionamento dello sfondo. Una sintassi con tre o quattro valori si alterna tra parole chiave e unità di lunghezza o percentuale. È possibile utilizzare uno qualsiasi dei valori delle parole chiave tranne `center` in una dichiarazione di posizione dello sfondo a tre o quattro valori. Quando si specificano tre valori, il browser interpreta il quarto valore "mancante" come

0. Nell'esempio l'immagine di sfondo si trova a 45px da destra e 20px dalla parte inferiore del contenitore. Per questa proprietà puoi usare un valore seguito dall'unità di misura pixel (px) o percentuale (%).

Capitolo 5: Tipografia

Per troppo tempo lo stile tipografico e la sua attenzione ai dettagli sono stati trascurati dai progettisti di siti Web, in particolare nel testo dei contenuti. In passato ciò avrebbe potuto essere un problema riconducibile alla tecnologia, ma ora con il Web questo problema può essere affrontato. La continua evoluzione dei browser, rendering di testo e schermi ad alta risoluzione, si combinano per evitare la tecnologia come scusa.

Ci sono diversi modi per etichettare quello che è effettivamente lo stesso carattere ma CSS ci viene in aiuto, dopotutto, ciò che pensiamo come "carattere" può essere composto da molte varianti per descrivere il grassetto, il testo in corsivo e così via. Ad esempio, probabilmente hai familiarità con il carattere Times. Tuttavia, Times è in realtà una combinazione di molte varianti, tra cui TimesRegular, TimesBold, TimesItalic, TimesOblique, TimesBoldItalic, TimesBoldOblique e così via. In altre parole, Times è in realtà una famiglia di caratteri, non solo un singolo carattere, anche se la maggior parte di noi pensa ai caratteri come a singole entità.

CSS definisce cinque famiglie di caratteri generici:

| Serif | Questi caratteri sono proporzionali e hanno dei serif. Un font è proporzionale se tutti i caratteri nel font hanno larghezze diverse a causa delle loro diverse dimensioni. Ad esempio, una i minuscola e una m minuscola hanno larghezze diverse. I serif sono le decorazioni alle estremità dei tratti all'interno di ciascun carattere, delle piccole linee nella parte superiore e inferiore di una l minuscola, o nella parte |

	inferiore di ciascuna gamba di una maiuscola.
Sans-serif	Questi caratteri sono proporzionali e non hanno serif.
Monospace	I caratteri monospace non sono proporzionali. Questi vengono generalmente utilizzati per emulare l'output di una vecchia stampante ad aghi o un terminale. In questi font, ogni carattere ha esattamente la stessa larghezza di tutti gli altri, quindi una i minuscola ha la stessa larghezza di una m minuscola. Questi caratteri possono avere o non avere serif.
Cursive	Questi caratteri tentano di emulare la calligrafia umana. Di solito, sono composti in gran parte da curve e hanno decorazioni che superano quelle presenti nei caratteri serif.
Fantasy	Tali font non costituiscono una categoria definita da caratteristiche

	chiare ma dalla nostra incapacità di classificarli facilmente in una delle altre famiglie.

La proprietà `font` in CSS è una proprietà che combina tutte le seguenti sotto-proprietà in una singola dichiarazione.

```css
body {
  font: normal small-caps normal
16px/1.4 Georgia;
}


/* equivale a

body {
    font-family: Georgia;
    line-height: 1.4;
    font-weight: normal;
    font-stretch: normal;
    font-variant: small-caps;
    font-size: 16px;
}
 */
```

Vediamo nel dettaglio queste proprietà e a cosa servono. `font-family` definisce il font che viene applicato all'elemento e può assumere un valore specifico come in questo caso o uno generico ad esempio, `serif`, `sans-serif`, `monospace`, `cursive`, `caption` ecc. mentre `line-height` definisce la quantità di spazio sopra e sotto gli elementi ovvero l'altezza di ogni riga di testo.

Grazie a CSS è possibile definire anche il "peso" di un font ovvero quanto deve essere in grassetto grazie alla proprietà `font-weight`. Può assumere diversi valori da 100 fino a 900 in base a quanto vogliamo evidenziare il testo. È possibile definire anche quanto vogliamo attaccato il nostro testo, in particolare è possibile modificare la larghezza delle parole con la proprietà `font-stretch` che assume valori che spaziano da `ultra-condensed` a `ultra-expanded` passando da `extra-condensed` a `semi-expanded`.

`font-variant` con **valore** `small-caps` come nel caso del nostro esempio consente di creare del testo in maiuscolo ma con una dimensione inferiore al testo normale. Ultimo ma non meno importante, troviamo la proprietà `font-size` che assume valori da `xx-small` a `xx-large` ma anche valori in percentuale o in pixel. Questa proprietà consente di modificare la dimensione del testo in modo da passare da testo molto piccolo a testo molto grande in base alle nostre esigenze.

Capitolo 6: Media Query

Quando il World Wide Web era qualcosa a cui si accedeva solo tramite un browser sul desktop o sul laptop, scrivere CSS era abbastanza semplice. Anche se era necessario considerare problemi tra browser e multipiattaforma, tutti utilizzavano dispositivi fondamentalmente simili per visualizzare un sito Web. Negli ultimi anni, tuttavia, abbiamo assistito a un'esplosione di nuovi dispositivi per l'accesso al Web, dalle console di gioco ai dispositivi mobile come iPhone o iPad fino alle Smart TV. Presentare i tuoi contenuti a tutti allo stesso modo non ha più senso quando i tuoi utenti potrebbero visualizzare il tuo sito Web su un monitor desktop o su uno schermo stretto come quello di uno smartphone.

I CSS hanno avuto modo di fornire stili diversi a diversi tipi di media per un po' di tempo usando l'attributo media dell'elemento link:

```
<link href="style.css" rel="stylesheet"
media="screen">
```

Con CSS3 è arrivata finalmente la svolta grazie alle **media query**. Le media query estendono i tipi di media fornendo una sintassi delle query che ti consente di offrire stili molto più specifici al dispositivo dell'utente, consentendo un'esperienza su misura. La descrizione può sembrare piuttosto secca, ma questa funzionalità è in realtà una delle più rivoluzionarie dell'intera specifica CSS3. Le media query ti danno la libertà di creare siti Web che sono veramente indipendenti dal dispositivo e offrono ai tuoi utenti la migliore esperienza possibile indipendentemente da come scelgono di visitare il tuo sito. Una media query imposta un parametro (o una serie di parametri) che visualizza le regole di stile associate se il dispositivo utilizzato per visualizzare la pagina ha proprietà che corrispondono a quel parametro.

È possibile utilizzare le media query in tre modi, tutti corrispondenti ai diversi modi in cui i CSS possono essere applicati a un documento. Il primo è invocare un foglio di stile esterno usando l'elemento link:

```
<link href="file" rel="stylesheet" media="logica ed espressioni">
```

Il secondo metodo consiste nell'usare la direttiva `@import`:

```
@import url('file') logica ed espressioni;
```

Il terzo è utilizzare una media query in un elemento di stile incorporato o nel foglio di stile stesso con la regola estesa `@media`:

```
@media logica ed espressioni { regole }
```

Le funzioni multimediali sono informazioni sul dispositivo utilizzato per visualizzare la pagina Web: dimensioni, risoluzione e così via. Queste informazioni vengono utilizzate per valutare un'espressione, il cui risultato determina quali regole di stile verranno applicate. Tale espressione potrebbe essere, ad esempio, "applica questi stili solo su dispositivi con uno schermo più largo di 480 pixel" o "solo su dispositivi orientati in modo orizzontale".

Width e Height

La funzione `width` descrive la larghezza della finestra di rendering del tipo di supporto specificato che, di solito, indica la larghezza corrente del browser (inclusa la barra di scorrimento) per i sistemi operativi desktop.

Applichiamo uno stile solo su dispositivi con larghezza superiore a 480px:

```css
@media screen and (min-width: 480px) {
  h1 {
    color: white;
    height: 189px;
    margin-bottom: 0;
    padding: 20px;
  }
}
```

In questo caso tutte le intestazioni di primo livello mostrate su questi dispositivi saranno di colore bianco, con un'altezza specifica, un determinato `padding` e un margine.

Allo stesso modo è possibile usare il prefisso `max-` per applicare uno stile a tutti gli schermi di dimensione inferiore a 480px:

```css
@media screen and (max-width: 480px) {
  h1 {
    color: white;
    height: 100px;
    margin-bottom: 0;
    padding: 10px;
  }
}
```

I casi d'uso più frequenti coinvolgono `min-width` e `max-width` ma in realtà è possibile usare anche uno stile specifico quando la larghezza è pari ad un determinato valore:

```css
@media screen and (width: 400px) {
  h1 {
    color: white;
```

```css
  height: 50px;
  margin-bottom: 0;
  padding: 5px;
 }
}
```

Allo stesso modo in cui `width` contribuisce alla realizzazione di un layout responsive si può usare `height` con cui descrivere l'altezza dell'area di visualizzazione del documento. Sono disponibili gli stessi prefissi `min-` e `max-` ma sostanzialmente sono meno usati rispetto a `width` perché di solito viene usato lo scrolling verticale.

Attenzione: con `width` e `height` si fa riferimento alla dimensione della finestra del browser, infatti, ridimensionando la finestra potrai vedere come il sito si adatta alle nuove dimensioni.

Device-width e device-height

Per leggere le informazioni sulla larghezza dello schermo del dispositivo è necessario usare `device-width`. Così come è necessario usare `device-height` per ottenere l'altezza dell'intera area di rendering del dispositivo. Grazie a queste funzioni puoi personalizzare l'aspetto del sito in base a diversi dispositivi considerando la loro risoluzione, ad esempio, iPhone 5S ha una risoluzione di 640 x 1136, questi valori saranno restituiti da queste proprietà.

```css
.container { width: 1000px; }

.container div {
 float: left;
 margin: 0 15px 0 0;
 width: 235px;
}

@media only screen and (max-device-width: 640px) {
 .container { width: auto; }
```

```css
.container div {
  float: none;
  margin: 0;
  width: auto;
  }
}
```

Orientation

Se sei meno interessato alle dimensioni effettive del dispositivo di visualizzazione ma desideri ottimizzare le tue pagine per la visualizzazione orizzontale (come un normale browser Web) o verticale (come un lettore di ebook), la funzione di cui hai bisogno è `orientation`. Potresti avere bisogno di questa funzione se, per esempio, stai realizzando un sito con quiz, immagina di volere una risposta per riga quando il dispositivo si trova in posizione verticale, due risposte per riga quando si trova in posizione orizzontale.

```
<link rel="stylesheet" media="all and
(min-device-width: 481px) and (max-
device-width: 1024px) and
(orientation:portrait)" href="ipad-
portrait.css" type="text/css" />

<link rel="stylesheet" media="all and
(min-device-width: 481px) and (max-
device-width: 1024px) and
```

```
(orientation:landscape)" href="ipad-
landscape.css" type="text/css" />
```

Queste sono due righe del codice HTML in cui includiamo entrambi gli stili per il layout orizzontale e verticale per un iPad. Come puoi notare abbiamo unito più media query in modo da unire tutto quello imparato finora.

Aspect-ratio

Puoi anche creare query da applicare quando viene raggiunto un determinato rapporto larghezza-altezza. Puoi utilizzare questa proprietà per testare le proporzioni del browser o le proporzioni del dispositivo. Nel primo caso si usa `aspect-ratio` mentre nel secondo si usa `device-aspect-ratio`. Ultimamente i produttori di smartphone stanno cambiando l'aspetto dei loro prodotti con Samsung S20 che ha un `aspect-ratio` di 20:9 mentre Apple per il suo iPhone 11 ha preferito 19.5:9. Si tratta di una variabile da considerare durante lo sviluppo di un sito perché si è passati da un `aspect-ratio` di 3:2 da un iPhone di prima generazione, passando per 16:9 di un iPhone 5 per raggiungere 19.5:9 con iPhone 11.

```css
/* Regole per iPhone 5 e 6 */
@media screen and (device-aspect-ratio:
16/9) {
 h1 {
  color: white;
```

```css
  height: 50px;
  margin-bottom: 0;
  padding: 5px;
 }
}
```

Resolution

La funzione `resolution` rappresenta la densità di pixel del dispositivo di output. È anche possibile utilizzare le varianti con il prefisso `min-` e `max-` per applicare regole di stile con risoluzione minima e massima.

Ecco un esempio con l'uso di risoluzione esatta, minima e massima:

```css
/* Risoluzione esatta */
@media (resolution: 150dpi) {
  p {
    color: red;
  }
}


/* Risoluzione minima */
@media (min-resolution: 72dpi) {
  p {
    text-decoration: underline;
  }
```

```css
}

/* Risoluzione massima */
@media (max-resolution: 300dpi) {
  p {
    background: yellow;
  }
}
```

Capitolo 7: Animazioni

La proprietà `animation` in CSS può essere utilizzata per animare molte proprietà CSS come colore, colore di sfondo, altezza o larghezza. Ogni animazione deve essere definita con la regola `@keyframes` che viene quindi invocata con la proprietà per l'animazione. Adesso vedrai quanto è semplice creare uno sfondo con un'animazione:

```
<html>
<body>
 <div class="elementoPulsante"></div>
</body>
</html>
```

Usiamo delle regole di stile con le proprietà appena descritte:

```
html, body { height: 100%; }

.elementoPulsante {
```

```css
  width: 100%;
  height: 100%;
  animation: pulse 5s infinite;
}


@keyframes pulse {
  0% { background-color: #001F3F; }
  100% { background-color: #FF4136; }
}
```

Ogni regola @keyframes definisce cosa dovrebbe accadere in momenti specifici durante l'animazione. In questo esempio, 0% è l'inizio dell'animazione e 100% è la fine. Questi fotogrammi chiave possono quindi essere controllati dalla proprietà per l'animazione o dalle sue otto proprietà secondarie, per fornire un maggiore controllo su come manipolare tali fotogrammi chiave.

```css
body, html { height: 100%; }


body {
  display: flex;
  align-items: center;
  justify-content: center;
```

```css
    }

    .elemento {
        height: 250px;
        width: 250px;
        margin: 0 auto;
        background-color: red;
        animation-name: stretch;
        animation-duration: 1.5s;
        animation-timing-function: ease-out;
        animation-delay: 0;
        animation-direction: alternate;
        animation-iteration-count: infinite;
        animation-fill-mode: none;
        animation-play-state: running;
    }


    @keyframes stretch {
        0% {
            transform: scale(.3);
            background-color: red;
            border-radius: 100%;
        }
        50% { background-color: orange; }
        100% {
```

```css
  transform: scale(1.5);
  background-color: yellow;
  }
}
```

In questo esempio abbiamo un cerchio che diventa un quadrato e nel frattempo cambia anche il suo colore. Nella proprietà `@keyframes` puoi vedere cosa accade nel momento iniziale (0%), a metà (50%) e alla fine (100%). In questo caso abbiamo scompattato la proprietà `animation` in sotto-proprietà in modo da avere un maggior controllo ma vediamo a cosa servono nel dettaglio:

`animation-name`	dichiara il nome della regola `@keyframes` da manipolare
`animation-duration`	Indica quanto tempo è necessario affinché un'animazione completi un ciclo

`animation-timing-function`	stabilisce delle curve di accelerazione preimpostate come `ease` o `linear`
`animation-delay`	indica il tempo che intercorre tra l'elemento da caricare e l'inizio della sequenza di animazione
`animation-direction`	imposta la direzione dell'animazione dopo il ciclo. Il suo valore predefinito si reimposta ad ogni ciclo
`animation-iteration-count`	Indica quante volte deve essere eseguita l'animazione
`animation-fill-mode`	imposta i valori da applicare prima / dopo l'animazione
`animation-play-state`	mette in pausa / riproduce l'animazione

Le animazioni della maggior parte delle proprietà diventano un problema per le prestazioni del browser, quindi dovremmo procedere con cautela prima di animare qualsiasi proprietà. Ad ogni modo, ci sono alcune combinazioni che possono essere animate in modo sicuro:

```
transform: translate ()
```

```
transform: scale ()
```

```
transform: rotate ()
```

Trasformazioni 2D

La proprietà `transform` consente di manipolare visivamente un elemento che può essere inclinato, ruotato, traslato o ridimensionato pertanto può assumere diversi valori.

Rotiamo un elemento di 45 gradi:

```html
<html>
<body>
 <div class="ruota45"></div>
</body>
</html>
```

Il file CSS sarà composto dalla seguente regola:

```css
.ruota45 {
 width: 100px;
 height: 100px;
 background: teal;
 transform: rotate(45deg);
}
```

Questo esempio ruoterà il `div` di 45 gradi in senso orario. Il centro della rotazione è il centro del `div`, al 50% da sinistra e al 50% dall'alto. È possibile modificare il centro di rotazione impostando la proprietà `transform-origin`.

È possibile anche scalare un elemento come segue:

```html
<html>
<body>
 <div class="scalaOggetto"></div>
</body>
</html>
```

E con la seguente regola:

```css
.scalaOggetto {
 width: 100px;
 height: 100px;
 background: teal;
 transform: scale(0.5, 1.3);
}
```

Questo esempio ridimensionerà il `div` a 100px * 0,5 = 50px sull'asse X e 100px * 1,3 = 130px sull'asse Y. Il centro della trasformazione è al centro del `div`, il 50% da sinistra e il 50% dall'alto.

Il risultato sarà un rettangolo come questo:

Un altro tipo di trasformazione si può ottenere con la parola chiave `skew` in modo da inclinare un elemento:

```
<html>
<style>
.inclina {
  width: 100px;
  height: 100px;
  background: teal;
  transform: skew(20deg, -30deg);
}
```

```
</style>
<body>
  <div class="inclina"></div>
</body>
</html>
```

In questo caso abbiamo inclinato il `div` di 20 gradi sull'asse X e di -30 gradi sull'asse Y. Il centro della trasformazione, poiché non è stato modificato, è sempre al centro del `div`, al 50% da sinistra e al 50% dall'alto quindi il risultato sarà simile a questo:

Esistono moltissime trasformazioni possibili quindi riportiamo in forma sintetica un elenco di quello che potresti creare:

rotate(x)	Definisce una trasformazione che sposta l'elemento attorno a un punto fisso sull'asse Z.
translate(x,y)	Sposta la posizione dell'elemento sugli assi X e Y.
translateX(x)	Sposta la posizione dell'elemento sull'asse X.
translateY(y)	Sposta la posizione dell'elemento sull'asse Y.
scale(x,y)	Modifica la dimensione dell'elemento sugli assi X e Y.
scaleX(x)	Modifica la dimensione dell'elemento sull'asse X.
scaleY(y)	Modifica la dimensione dell'elemento sull'asse Y.
skew(x,y)	Distorce ciascun punto di un elemento di un certo angolo in ciascuna direzione
skewX(x)	Distorce ciascun punto di un elemento di un certo angolo in direzione orizzontale

skewY(y)	Distorce ciascun punto di un elemento di un certo angolo in direzione verticale
matrix()	Definisce una trasformazione 2D sotto forma di matrice di trasformazione.

Capitolo 8: Strumenti

La modifica di codice HTML e CSS può essere eseguita senza strumenti specifici. In effetti, se hai un semplice editor di testo, sei a posto. Tuttavia, non crediamo che sia il modo migliore per sviluppare infatti, se usi degli strumenti adeguati al tuo lavoro, non solo renderai le cose più facili per te stesso, ma aumenterai anche la qualità del lavoro svolto.

Sappiamo anche che non tutti possono o vogliono spendere molti soldi per il miglior editor. Fortunatamente, non è necessario perché oggi puoi facilmente trovare un IDE gratuito e sviluppare siti Web con molta facilità. Che tu abbia bisogno di un IDE JavaScript, un IDE HTML o qualsiasi altro IDE di sviluppo web, potrai trovarne diversi tra cui scegliere.

L'IDE di sviluppo Web fa tutto ciò che fanno i semplici editor di testo ma integrando funzionalità più avanzate che non puoi avere con gli editor di testo.

Naturalmente, sono dotati di una serie di funzioni utili come l'evidenziazione della sintassi, interfacce personalizzabili e strumenti di navigazione completi ma sono necessarie funzionalità aggiuntive. Tuttavia, con i migliori IDE, non dovrai preoccuparti di questo.

Spesso vengono forniti strumenti aggiuntivi per l'automazione, i test e la visualizzazione del processo di sviluppo. Fondamentalmente, ti forniscono tutto il necessario per trasformare il codice in un'applicazione o in un programma funzionante.

Gli IDE più usati per sviluppare pagine HTML con CSS sono WebStorm, Eclipse, Atom, Microsoft Visual Studio ma sappi che ne esistono moltissimi e potrai scegliere quello più adatto a te, che si avvicina alle tue esigenze.

Conclusioni

In questo lungo viaggio abbiamo imparato molto su CSS, con un approccio pratico e limitando la teoria all'essenziale. Abbiamo analizzato i vari modi per costruire un'interfaccia utente gradevole al visitatore, con un focus particolare all'ambito mobile. Può sembrare molto semplice creare una pagina Web responsive ma dietro ogni sito ben progettato c'è il duro lavoro di molti professionisti tra cui grafici, sviluppatori Web e sistemisti. HTML5 ha portato grandi innovazioni per la gestione di audio e video e punta a migliorare la semantica dei siti Web, migliorare l'interfaccia utente e l'accessibilità al fine di creare applicazioni Web migliori. In tutto questo però ci sono ancora degli ostacoli da superare come l'uso di vecchie versioni di Internet Explorer soprattutto in alcune aziende, poco attente alla tecnologia. Tutte le funzionalità offerte da HTML5 e CSS3 devono essere utilizzate per poter facilitare lo sviluppo e raggiungere risultati migliori in meno tempo.

La sfida principale è per gli sviluppatori dei browser, bisogna invitare gli utenti ad aggiornare il browser per creare le condizioni adatte per una evoluzione continua. Gli sviluppatori, invece, devono progettare nuove interfacce sfruttando le nuove tecnologie in modo da fornire un prodotto migliore all'utente e che possa essere fruito nel migliore dei modi da chiunque, anche da coloro che purtroppo hanno disabilità visive o di altro genere.

Ci auguriamo che tu possa aver imparato ad utilizzare CSS grazie a questo libro e con un approccio diretto. Esercitati tanto, solo così potrai stimolare la tua curiosità, sii creativo e progetta siti Web sempre diversi tra loro in modo da poter competere con te stesso. Fissa un obiettivo, ad esempio la realizzazione di un sito Web personale, in modo da restare allenato e sfruttare ciò che hai imparato.

9 798656 116640